Tratado de la Piedra Filosofal
y
Tratado sobre el arte de la Alquimia

Si este libro le ha interesado y desea que lo mantengamos informado de nuestras publicaciones, escríbanos indicándonos cuáles son los temas de su interés (Astrología, Autoayuda, Esoterismo, Qigong, Naturismo, Espiritualidad, Terapias Energéticas, Psicología práctica, Tradición...) y gustosamente lo complaceremos.

Puede contactar con nosotros en
comunicación@editorialsirio.com

3ª edición: octubre 2010

©   de la presente edición
EDITORIAL SIRIO, S.A.
C/ Panaderos, 14
29005-Málaga
España

EDITORIAL SIRIO
Nirvana Libros S.A. de C.V.
Camino a Minas, 501
Bodega nº 8,
Col. Lomas de Becerra
Del.: Alvaro Obregón
México D.F., 01280

ED. SIRIO ARGENTINA
C/ Paracas 59
1275- Capital Federal
Buenos Aires
(Argentina)

www.editorialsirio.com
E-Mail: sirio@editorialsirio.com

I.S.B.N.: 978-84-7808-663-4
Depósito Legal: MA-1.842-2010

Impreso en Imagraf

Printed in Spain

Santo Tomás de Aquino

Tratado de la Piedra Filosofal
y
Tratado sobre el arte de la Alquimia

editorial irio, s.a.

Introducción

El Demiurgo, gran constructor del universo, es indiscutiblemente un artista de vasto polifacetismo. No sólo es pintor y escultor, sino también autor de dramas, comedias y farsas; no admitiendo censura alguna en su actividad, se ocupa gustosamente en ofrecer toda clase de representaciones de carácter erótico.

A veces le gusta escribir obras satíricas, tomando como actores a las pobres criaturas humanas, a los que, bien sea gratuitamente o pegándoles unos honorarios miserables, envía a escena.

Una obra satírica de este estilo podría llevar este título: «Alquimia o impenetrabilidad».

A los ojos de la limitada mentalidad humana, tiene demasiados actos para poder mantenerse en escena de forma continuada. Sin embargo, es indiscutible que está escrita con gran habilidad; una y otra vez aparecen momentos de tensión y apenas experimentamos un ligero signo de aburrimiento cuando el autor, magistralmente, por medio de amables artimañas provoca en nosotros una atención renovada. Supongo que el comienzo de la obra hay que situarlo en la juventud del Demiurgo, pues todo lo que sobre alquimia sabemos se pierde en la noche de los tiempos; nadie se puede acordar del preludio y del primer acto.

Por el contrario, leyendo los libros de la Edad Media que tratan del arte de fabricar oro, todos podemos actualizar los actos posteriores. El cuadro que directa o indirectamente aparece ante nuestros ojos es de una extraordinaria vistosidad y a menudo nos atrae a una Fata Morgana. Por una parte, vemos una y otra vez, en boca de sabios irreprochables y testigos veraces (por ejemplo, el famoso holandés Van Helmont), cómo fueron llevadas a cabo transmutaciones de metales, y habló de los efectos de la llamada piedra filosofal; por otra parte, oímos que en aquel tiempo los engañadores abundaban en las cortes reales donde, mediante bufonadas y trucos de prestidigitación, pescaban en río revuelto.

Con la invención de la imprenta cae un torrente de libros sobre la afligida humanidad, en donde muchos, abierta o encubiertamente, afirmaban estar en posesión del misterio que permite convertir en oro, cinc o mercurio.

Se escribieron muchos libros sobre la teoría de la transmutación de los metales, y para mostrarnos el Demiurgo su astucia como escritor teatral esparció chistes aquí y allá cuando la representación parecía aburrir. Mencionaré brevemente que un cierto Adolf Helfferich editó, a mediados del siglo XIX, un libro entonces famoso titulado «La nueva ciencia de la naturaleza, sus resultados y perspectivas» (Triest, 1857). Con ello, el señor Helfferich interviene abiertamente en el campo de la alquimia y en sus afirmaciones. El hecho de que muchos siglos después un individuo del mismo nombre aparece en la historia universal como presidente del Banco Nacional que domina magistralmente el arte de transformar metales, concretamente el de convertir oro en papel, es un chiste tan brillante que sólo un crítico de arte, dejado de la mano de Dios, podría afirmar que no se trata aquí de una alusión reflexiva e intencionadamente hecha por el director de la Historia Universal, sino que es pura coincidencia. Para mí es evidente que el escritor de esta comedia satírica ha utilizado, en el año 1857, el nombre de Helfferich con el solo propósito de repetirlo en el año 1917 y dar lugar al chiste.

También, el hecho de aludir a un segundo virtuoso en el arte de transformar metales, llamado doctor Schacht, el cual actúa a la inversa, es decir, transformando papel en oro (aunque en porciones mínimas), es digno de un agudo dramaturgo, como el Demiurgo. En la elección de los hombres que da a sus figuras se aprecia con qué cuidado y reflexión actúa en la composición de sus obras. Casi todos los hombres tienen una significación simbólica: Helfferich no es, en modo alguno, alguien que ayuda,[1] sino precisamente lo contrario, y el otro lleva el ominoso nombre de Schacht.[2]

---

1. La palabra Helfferich significa literalmente hombre que ayuda o se ayuda a sí mismo. Según parece, la alusión se refiere al político Helfferich, que en 1916-1917 fue secretario del Tesoro Nacional (N. del T.).
2. 2. Hjalmar Schacht (1934-1937), ministro del Tesoro Nacional. En 1944-1945, prisionero en campos de concentración (N. del T.).

Si vemos los libros medievales sobre alquimia, lo cual supone una decisión heroica y una gran constancia, en todos encontraremos el siguiente aviso: si logras comprender el sentido de nuestra escritura y el misterio de cómo se obtiene la tintura de oro, déjate azotar hasta la muerte antes de revelarlo, pues es voluntad divina que esto quede oculto. Y este conocimiento de la voluntad divina –lo cual significa conocimiento de la voluntad del Demiurgo- es también la causa, según los escritores adeptos de todos los tiempos, de por qué el proceso de transmutación de los metales es presentado de modo encubierto y con palabras oscuras al lector y al aprendiz.

Se siente la tentación de suponer que los señores escritores se han expresado de forma tan misteriosa, precisamente porque ellos también desconocían el misterio mencionado y les gustaba, por otra parte, jactarse de que lo sabían.

Cabe preguntarse si esto sucedía en casos aislados o en la totalidad. Yo, por mi parte, lo pongo en tela de juicio. Suponer, por ejemplo, que santo Tomás de Aquino escribió un manuscrito para hacerse solidario con el mundo laico, en contraposición con los adeptos de la alquimia, es algo que carece de sentido. Y Tomás de Aquino no era solamente un hombre de ingenio claro, sino también uno de los grandes sabios de su tiempo. No en balde se le ha llamado Doctor Angélico.

A esto responderán muchos que Tomás de Aquino no escribió libro alguno sobre alquimia y que se trata únicamente de falsificaciones de la Edad Media «hace tiempo comprobadas».

Quisiera responder que nada de eso está demostrado. Incluso todo hace suponer lo contrario. A mi entender, el único que ha afirmado que las obras sobre alquimia atribuidas a Santo Tomás de Aquino son falsificaciones es un cierto Naudé, un francés que en el año 1712 escribió un libro voluminoso titulado «Apologie pour les grands Hommes soupçonnés de Magie». En éste, toma a ciertos grandes hombres, y entre ellos sobre todo a santo Tomás de Aquino, defendiéndoles ante la sospecha de haber practicado magia. ¡Como si la alquimia de la que santo Tomás de Aquino habla en su manuscrito tuviera que ver lo más mínimo con la magia!

Evidentemente, existe una clase de «alquimia» que es pura magia, pero ésta no se ocupa en transformar plomo en acero, sino en convertir hombres animales en «hombres dorados».

Hay algún libro que, por su contenido y método, es considerado como alquímico, aunque no tiene nada que ver con esta ciencia, sino únicamente con un proceso mágico que pertenece al terreno del yoga o bien al de una «masonería mística». Ahora bien, es indiscutible que Santo Tomás de Aquino no practicó en absoluto «masonería» alguna. De la misma manera, no es necesario defenderle contra el reproche de que se interesaba por la transformación de metales o de que –como se deduce del presente tratado dedicado a su amigo, el hermano Reinaldo- se hubiera ocupado, incluso con éxito, de la alquimia. Pues, por otra parte, la alquimia (no la masonería mágica del rosario), ni en tiempos de santo Tomás de Aquino ni después, fue prohibida por la Iglesia. Como es conocido, incluso ha sido practicada por numerosos prelados católicos. La única «prueba» que el mencionado Naudé alega contra la autenticidad de los escritos de Tomás de Aquino se puede resumir en las siguientes palabras: «está fuera de duda que un hombre de tal sabiduría y virtuosa vida como Tomás de Aquino, que además en el año 1333 fue declarado santo, pudiera haberse ocupado de la alquimia».

Es un hecho conocido que Tomás de Aquino fue discípulo de Alberto Magno, quien, como todo el mundo sabe, era un alquimista convencido y apasionado. ¿Es posible que los dos hombres nunca hablaran de alquimia? ¿O que teniendo diversas opiniones sobre el tema hubieran discutido? Si hubieran tenido la misma opinión, ¿no es evidente que Tomás de Aquino habría escrito sobre ello?

Si comparamos el estilo de sus escritos alquímicos con sus tratados escolásticos encontramos en ambos la misma concisión, la misma claridad en la expresión. Sólo alguien que quiera dudar sistemáticamente afirmará que existe una falsificación.

Además, en los escritos alquimistas de Tomás de Aquino no aparece ningún anacronismo, que sirva como punto de apoyo para afirmar que no es su verdadero autor.

El mencionado francés Naudé afirma, para apoyar su teoría, que el nombre de Tomás de Aquino fue utilizado por un autor anónimo para hacer una falsificación. Agrega que Tomás de Aquino se expresó abiertamente contra la posibilidad de transforma metales en su libro «Distinct.7 quast, 3 – art. 1, ad. 5». Pero leamos en la obra «Sancti Thomáe Aquinatis in quotour libros sententiarum Petro Lombardi, 1659»; en ella encontramos textualmente la opinión de Santo Tomás sobre la «posibilidad» de transformar metales:

«Alchymistae faciunt aliquid simile auro quantum ad accidenta exteriores: sed tamen non faciunt verum aurum: quia forma substantialis auri non est per calorem ignis, quo utuntur alchymistae sed per calorem solis, in loco determinato ubi viget virtus numeralis: et ideo tale aurum non habet operationem consequentem speciem: et similiter in aliis, quae per eorum operationem fiunt» (Los alquimistas hacen algo parecido al oro, en lo que se refiere a los accidentes exteriores; pero no es verdadero oro, pues el oro no debe su esencia al calor del fuego que utilizan los alquimistas, sino al calor del sol, cuya fuerza actúa en un determinado punto. Por tanto, el oro fabricado por los alquimistas carece de las propiedades correspondientes a su apariencia. Algo parecido sucede con todas las cosas que son producidas por medio del arte de la alquimia).

Quien tenga algunos conocimientos de las teorías de los antiguos alquimistas admitirá que el autor de las palabras anteriores –Tomás de Aquino– prueba al hablar así cuán profundos eran sus conocimientos sobre el «arte de fabricar oro». Paracelso, por ejemplo, no discrepaba mucho, comparado con Tomás de Aquino, en lo que se refiere al oro natural y al oro artificial; ambos parten de un punto común: «el calor del sol» (no está lejano el tiempo en que nosotros, los modernos, digamos: el fugaz elemento de la luz solar llamado «emanación»), es el productor del oro natural.

Aunque en el fondo no se trata de que Tomás de Aquino, con su teoría del «calor» del sol tenga razón o no, quisiera decir algo sobre este punto. En lo que se refiere a un experimento efectuado a mediados del siglo anterior por un tal Tiffereau y que consistió en transformar plata en oro por medio de los rayos solares, hablaré de él después detenidamente.

En los últimos decenios, todo químico arrugaría el entrecejo si se afirmara que el calor del sol produce oro en el seno de la tierra. Es un hecho «conocido» que el oro sólo puede «surgir» como elemento bajo la acción de un fuego terrestre de alta graduación; sería la contestación de nuestros hombres sabios. Hoy es más cauto en lo que se refiere a estos juicios negativos.

El descubrimiento del elemento «emanación», con sus extrañas y cambiantes propiedades, da mucho que pensar. Parece como si la antigua y despreciada alquimia volviera lentamente a ocupar su puesto honorífico. Volviendo a mi idea favorita de la obra teatral del Demiurgo, lo anteriormente dicho ha sido solamente un «momento de tensión». Ha entremezclado escenas en las cuales el alquimista medieval es presentado como embustero y loco.

Qué gran sorpresa se llevará el «público» cuando poco antes de caer el telón se dé cuenta: no solamente estaban cuerdos, sino que de forma incomprensible se habían adelantado un largo trecho a su siglo. Ya se entienda por «público» las pobres criaturas humanas o los dioses del Olimpo, en todo caso constituirá una gran sorpresa. Desgraciadamente, con nuestros defectuosos sentidos no podemos ver cómo el excelso autor sale al escenario y se inclina agradecido.

¡Pero presiento que vendrá un fin de acto mucho más sorprendente que éste!

Como ya he mencionado, escriben los alquimistas que si un adepto revela con palabras no encubiertas la misteriosa fórmula de la piedra filosofal, pone en peligro algo así como la salvación de su alma. Posiblemente este miedo a la profanación proviene de los antiguos egipcios y su casta sacerdotal, los cuales todavía no tenían idea del bendito socialismo actual y castigaban con la muerte a todo aquel que se atreviera a manifestar ideas marxistas, lo cual era algo así como echar margaritas a los cerdos.

En todo caso, es un hecho que si alguien hubiese revelado cómo partiendo del plomo, cinc, mercurio, cobre o plata se puede obtener fácilmente oro, esto hubiera influido decisivamente en la economía. Dicho brevemente: el Demiurgo no podía aceptar que una comedia satírica tan brillante tuviera un final tan precipitado y violento. Probablemente ha dicho para sí:

> «Ahora quiero aumentar un poco la tensión de mis responsables espectadores», y extendiendo un poco la duración de las escenas se aproxima picarescamente al momento del «desenlace».

De pronto aparecen en el escenario dos nuevos actores: el químico inglés Rutherford y el sabio berlinés profesor Miethe. Creo haber oído que procedente de los bastidores orientales ocupará el centro de la escena una japonés cuyo nombre no he entendido.

Los tres han logrado producir oro artificialmente, aunque desde luego sólo en mínimos vestigios. En el sentido del Demiurgo, es natural que sólo puedan obtenerlo en vestigios, y pasará un rato hasta que el director de la palabra clave: ¡ahora transmutación!

Entonces aparecerá en los periódicos una noticia sensacional. Algo así como: «El conocido químico profesor doctor XYZ ha enviado un telegrama que hacemos público con reservas, según el cual ayer por la noche ha logrado un procedimiento químico artificial que permite obtener oro puro partiendo de materiales tan baratos que el precio del metal estará muy por debajo del plomo. Naturalmente, este procedimiento no tiene en absoluto nada que ver con las antiguas y olvidadas supersticiones de los alquimistas. Por el contrario, parte de una base puramente científica, y es halagüeño que por medio de este nuevo triunfo de la ciencia moderna se aclare un tema que estaba sumido en las tinieblas medievales». (Nota escenográfica: risas en el público.)

Los periódicos de la tarde complementarían esta mala noticia en la forma siguiente:

«¡Curiosa coincidencia de casualidades! Esta mañana dimos la sensacional noticia de que la ciencia ha logrado obtener oro puro por medios sintéticos; según un cable recibido, la noticia queda plenamente confirmada. El artículo de fondo de nuestra sección financiera, que señala los efectos decisivos del descubrimiento, en la economía de las nacione, planteando de nuevo el problema del Dawesplan,[3] estaba ya en imprenta, cuando recibimos una noticia, no menos interesante. Según ésta, los campos de oro de Canadá, con sus enormes riquezas, han sido abiertos; de tal modo que la cotización de oro en la Bolsa de Wall Street ha sido borrada, consecuentemente, el oro se puede considerar completamente desvalorizado (gritos jubilosos y enormes aplausos procedentes del público). La comedia satírica toda a su fin, pero inmediatamente es anunciada una nueva obra del dotado comediógrafo titulada: «El espiritismo, o: ¿Son los muertos? ¿No lo son? ¿O lo son solamente aquí y allí? ¿O se trata sólo de un engaño? O bien: el intrincado subconsciente, etc.»

El primer acto tuvo lugar hace ochenta años. Será un drama. Empezará anunciando el alborear de un tiempo nuevo; terminará con una apoteosis diabólica. Utilizando todos los medios de una rica escenografía: diabólico fuego sexual, noche y desesperación.

Volvamos a los escritos alquimistas de Tomás de Aquino.

Las infundamentadas afirmaciones del mencionado Naudé no podían, naturalmente, quedar sin réplica.

Poco después de imprimirse la obra de Naudé, apareció un escrito en contra, obra del capuchino predicador

---

3. Plan de presupuesto nacional para reparar los daños ocasionados en Alemania después de la primera guerra mundial. (N. del T.).

Jacques d'Autun, titulada: «Sobre la magia y brujería, así como una réplica al libro titulado *Apología*, etc (de Naudé), editado, según se dice, para defender a grandes hombres que habían sido considerados, falsamente, como adictos de la magia (Lyon, Jean Molin, 1671). En esta obra se subraya en pocas palabras la autenticidad de los escritos de Tomás de Aquino.

Por el contrario, el tema es tratado detenidamente por el padre franciscano Castaigne, doctor en Teología, Abad de Sou, director espiritual del Rey de Francia, hombre cuya fe, estrictamente católica, nadie puede poner en duda.

En sus obras de medicina, así como en las de contenido químico, este franciscano escribe entre otras cosas (parís, Jean d'Houri, 1661):

> «Qué diremos de este gran doctor Angélico, Santo Tomás de Aquino, de la orden del Reverendo Dominico, autor de la excelsa obra *La obtención del aurum potabile*. Poseo el original manuscrito de su puño y letra, que empieza con las palabras: «Sicut lilium inter spinas».
>
> Y cuando caritativamente quería ayudar a los enfermos, ¿no habría algún médico de su tiempo que se lo reprochara? Evidentemente él hubiera respondido: «tanto dinaso».»

Entre todos los autores que escribieron sobre las obras alquimistas de Tomás de Aquino parece que fue el Abbé Leuglet de Fresnay, muy conocido en este terreno, quien las ha entendido mejor. En su «Historia de la Filosofía Hermética» (1742), escribe lo siguiente:

> «Confieso que un celo desmedido ha llevado a separar algunos tratados como no pertenecientes a la obra de este hombre famoso (Tomás de Aquino), pero también existen

otras obras que son indiscutiblemente auténticas. Su *Tesoro de la Alquimia*, dedicado al Frater Reinaldus, así como a sus amigos y compañeros, trata únicamente de exponer una singular filosofía secreta que, según dice expresamente, es fruto de las enseñanzas de Alberto Magno, al cual declara su maestro en todas las cosas y especialmente en lo que se refiere a la ciencia».

Este tratado comprende solamente ocho páginas, pero es lo mejor que sobre este campo he leído.

Hay una nota que dice: «Para aquel que lo entienda» (iii) (¿No será esto una alusión a la legendaria «disciplina arcana»?).

Estas palabras, de uno de los más eruditos historiadores en el terreno del hermetismo bastarían para poner en su sitio los escritos alquimistas de Tomás de Aquino, que hoy están completamente olvidados.

Qué posición se adoptará ante la pregunta: ¿Han existido realmente alquimistas que hayan logrado obtener oro?

¿Hay en los viejos escritos alquímicos alguna fórmula que, aunque sea de modo encubierto (encontrando la llave de la alegoría que encierran), revele cómo lograr la transformación de metales?

Se identifica la tintura o el polvo (que, como dicen en general los libros y escritos, dan lugar a la transmutación de metales), con la llamada piedra filosofal o «medicina universal».

La contestación a tales preguntas encierra gran dificultad y apenas se puede hacer otra cosa que conjeturas. El sentido común nos dice: ¿Por qué un hombre que ha logrado obtener oro artificialmente se va a molestar en dar de modo encubierto la receta de que se ha servido?

A esto sólo cabe contestar: no podemos aplicar a hombres de otro tiempo el mismo patrón de medida que al hombre medio actual. ¿No está escrita la Biblia de modo simbólico? ¿No ocurre lo mismo con la Kabbala, los antiguos escritos hindúes, las prescripciones del yoga, los Vedas y tantos otros libros? No es ésta la ocasión de analizar los motivos que llevaron al hombre de la antigüedad y de la Edad Media a referirse a los hechos misteriosos, extendiendo sobre ellos un velo simbólico, ya que el hacer este análisis implicaría escribir todo un libro.

Baste decir aquí que los autores de estos escritos partían de la siguiente base: quien no tiene la intuición suficiente para descubrir por sí mismo el misterio, no es digno de poseerlo por otros medios. El que actúa de modo intuitivo es digno, en cierta medida, de poseer el misterio, pues para despertar una intuición aguda es necesario mucho esfuerzo, constancia y un celo ardiente, que no se deje asustar por fracaso alguno. Dicho brevemente: existen las mismas prescripciones que en el camino hacia el yoga. O bien. Los autores, temiendo hacerse responsables, ponían el misterio en manos de aquel que tuviera suficiente intuición. Las premisas de un modo de actuar tan precavido son las de un autor que se sabe poseedor del misterio. Si así no fuera, se expresaría en un lenguaje encubierto para ocultar su ignorancia, y ello daría lugar a un necio secreto. Este modo de actuar es, como antes he dicho, impropio de hombres como Paracelso, Tomás de Aquino y otros. Llegamos, por tanto, a la siguiente conclusión: efectivamente, han existido hombres que poseían el secreto.

Cabe preguntarse ahora: ¿Es un hecho cierto que estos hombres fabricaron realmente oro? Leyendo los escritos sobre las supuestas transmutaciones, uno no sale de su asombro. Consignaré uno de esos informes al final de esta introducción.

El lector podrá entonces juzgar por sí mismo.

Entre los numerosos informes hay uno que dice: era un polvo rojo, por medio del cual el alquimista Sounso fabricaba oro, introduciéndolo en plomo derretido, zinc o mercurio, previamente calentado. La masa se convertía entonces en un polvo gris y después en un líquido rojo. Los escritos afirman, asimismo, que no es difícil obtenerlo, sólo es importante saber con qué materia básica –ellos le llaman materia prima- se debe empezar.

Yo mismo me esforcé indeciblemente hace años en averiguar lo que entendían esto señores por materia prima. Durante mucho tiempo creí que sólo trataban de tomar el pelo a unos cuantos infelices. Muchos alquimistas estafadores no tenían otra cosa que hacer más que emborronar libros, bien para hacerse los interesantes o para sacar dinero a unos cuantos primos.

Un viejo libro de alquimia titulado *Clavícula*, en el que se distinguían por sus nombres los auténticos y los falsos alquimistas, me ayudó a conocer a grandes rasgos las obras sospechosas de engaño. A pesar de ello tardé mucho tiempo en encontrar una luz que me permitiera saber qué se entendía por materia prima.

Pronto entendí que de cien alquimistas, noventa entendían por «materia prima» excrementos humanos o animales, pero en lo que se refiere a la pintura exterior de esta materia poco simpática, no había consonancia. Por ejemplo, ¿desde cuándo esta «materia despreciable», que los granjeros suelen traer a casa adherida a sus ropas, es «amarilla como la manteca», de «olor agradable» y «sabor dulce»? Concretamente, así la describió con elocuentes palabras un alquimista que me influyó especialmente y cuyo nombre es Onophrius de Marsciano.

Por casualidad, un día llegué a la siguiente conclusión: cuando los alquimistas «serios» hablan de una materia prima omiten casi todos que existe una materia prima próxima (o fácil de obtener), y una materia prima remota o sólo obtenible por la acción de la intemperie («calor del sol»). Sólo esta última es apropiada para empezar el proceso. Si se emplea la primera clase es necesario una gran cantidad que generalmente sólo existe en las cañerías. La materia prima remota, por el contrario, se encuentra en cloacas existentes desde hace varios siglos.

Ahora bien, he podido comprobar que en tales cloacas se puede encontrar, aunque muy raramente, una curiosa materia del tamaño de un puño y amarilla como la manteca. Con ocasión de la apertura de una cloaca milenaria en Praga, logré obtener, mediante «la amistad del rey de la noche», un brozo del tamaño de una nuez. A la manera de los viejos alquimistas, lo calenté en una retorta, manteniendo durante semanas un calor constante. Estaba muy intrigado por saber lo que sucedería; no creía en el verdadero resultado del proceso, por lo cual no me hacía ilusión alguna; sólo quería ver si, como decían los «filósofos» alquimistas, se producía en la retorta un determinado cambio de color: negro, irisado, es decir, la coloración de un pavo real con la cola desplegada en abanico.

Con gran sorpresa mía, se produjo realmente el cambio de color anunciado. El químico a quien consulté no me pudo explicar la causa científica del fenómeno.

El final de la canción es poco alegre. Mi curiosidad iba en aumento cuando un día se rompió la retorta con gran estruendo en el preciso instante en que yo me encontraba ante ésta: la materia remota, cuyo comportamiento había sido hasta ahora prometedor, me saltó a la cara manifestando su agresividad.

Me fue imposible repetir el experimento, pues no pude hacerme con otro trozo de materia remota.

Un químico formado científicamente razonaría probablemente de la siguiente forma: si los viejos alquimistas partían de este excremento descompuesto y parecido a la «manteca», es claro que no obtuvieron resultados dignos de mención, pues los excrementos, descompuestos o no, no son una materia unitaria y no pueden producir, por tanto, ningún elemento simple.

Sin embargo, yo no estoy de acuerdo con este razonamiento. Naturalmente, no creo que de materias animales o vegetales (excrementos) se puedan obtener minerales, como dicen los viejos alquimistas, pero estoy convencido de que, en el regazo terrestre se encuentran materias minerales, y me refiero concretamente al «mineral» llamado Struvit. Este es un mineral muy poco conocido que, según mis conocimientos, sólo se encuentra en las ciudades alemanas de Hamburgo, Dresde y Braunschweig, ¡en las cloacas milenarias! Por tanto, procede directamente de excrementos.

El Struvit, llamado Ulex, es, según Hausmann, ¡termoeléctrico polar, frecuentemente amarillo y cristalizado!, propiedades que, si se tratara de una materia de origen animal o vegetal, ¡serían extrañas en grado sumo!

¿Queda realmente descartado que este Struvit no es un «elemento» que puede tener cierta similitud con el elemento «emanación», cuyas propiedades de transformación son verdaderamente extraordinarias?

Existe otro elemento similar al Struvit que, presentándose también cristalizado, sólo aparece en excrementos «animales», concretamente en el guano, de donde viene el nombre de guanit. ¡Es bastante extraño que, a pesar de tener el mismo origen animal, se distinga en muchos puntos del Struvit!

La mayoría de los alquimistas aseguran que partiendo de la mencionada materia prima han obtenido no sólo un elixir transformador de metales, sino también una medicina universal, que puede curar todas las enfermedades. La consecución de ambas tinturas es en cuanto se refiere al fundamento del proceso la misma; sólo al final de éste y cuando se quiere obtener una sustancia transmutadora de metales, hay que agregar oro puro en pequeñas proporciones y derretirlo bajo un calor de considerable gradación. De este modo, el oro natural resulta «aumentado», produciéndose una especie de «superoro».

Volvamos ahora a los escritos medievales y a otros posteriores que informan de transmutaciones metálicas y de la existencia de una especie de elixir de la vida.

No hay duda de que la mayoría de estos escritos están muy cerca de la exageración y de una observación que, intencionada o no, puede ser falsa. En un libro de Güldenfalck casi agotado se encuentra una gran colección de informes sobre el tema. Lo posee un amigo mío, residente en Hamburgo; quizá un día lo reeditemos en común.

Quisiera señalar aquí, en forma concisa, algunos escritos que merecen ser tomados en cuenta.

1. Van Helmont. La misma significación, que Lutero y Melanchthon, tienen en el campo de la transformación religiosa; es atribuible a Van Helmont en la reforma de la medicina y antropología; ambos fueron en su tiempo (siglos XVI y XVII) sabios de primera fila.

Van Helmont, el viejo, escribe en su obra *Demostración de una tesis*:

> «Pues he tenido varias veces en mi mano la piedra del oro y he visto con mis propios ojos cómo transformaba en oro mercurio corriente, el cual estaba en una proporción de varios millares de gramos, por una cuarta parte de gramo de piedra; ésta estaba en forma de un polvo pesado, de color azafranado, que brillaba como pequeños cristales de vidrio roto. Amasé este polvo con un poco de cera, para

que no se esparciera. Arrojé la bolita resultante en un crisol donde se estaba cociendo medio kilo de mercurio que acababa de comprar. El metal empezó a cocer, emitiendo un ruido característico y reuniéndose en una masa compacta, aunque la intensidad del calor era tal que el plomo derretido no se hubiera solidificado. Cuando avivé el fuego, por medio de un fuelle, se derritió el metal y al verterlo en un recipiente obtuve ocho onzas de oro puro: ¡una parte de polvo había transformado 19.816 partes de metal en oro verdadero!».

En la obra *Vita alterna* dice lo siguiente:

«Varias veces he visto y tocado este polvo: arrojé un cuarto de gramo en un crisol donde había calentado ocho onzas de mercurio; inmediatamente el mercurio adquirió un aspecto como de cera amarilla. Cuando por medio del fuelle lo volví a derretir, obtuve ocho onzas, es decir, ¡once gramos de oro puro!».

Asimismo, en *Arbor Vitae*:

«Aquel que por primera vez me dio el polvo transformador tenía tanto que podía obtener cien mil kilos de oro. Me dio aproximadamente medio gramo, con lo cual convertí nueve onzas de mercurio. Un extranjero que durante una noche fue mi huésped me había dado la misma cantidad».

Según Schmieder, este extranjero era un irlandés llamado Butler, que, según Van Helmont, poseía una piedra amarilla y porosa, con olor a sal de mar cocida que, dándosela a lamer a un monje enfermo de erisipela, pasada una hora se encontró sano. También la esposa de Van Helmont, que padecía varices en ambas piernas, resultó curada. El mismo Van Helmont, que a consecuencia de un veneno estaba paralítico y gravemente enfermo, fue curado después de un largo tratamiento.

Una de las más famosas e irreprochables transmutaciones en la Historia de la Alquimia es la que llevó a cabo en La Haya el erudito médico de cabecera del Príncipe de Orange, Juan Federico Helvetius. Este era al principio enemigo de la alquimia, a la que en varios escritos calificaba de ridícula. Después, y a través de un desconocido que le visitó, obtuvo un conocimiento más profundo, retractándose de sus afirmaciones anteriores en una obra titulada *Vitulus aereus quem mandus adorat et orat*, Amsterdam, 1677, 1702, 1705.

Helvetius escrite (consignado aquí en pocas palabras) lo siguiente:

«Una tarde del año 1666 vino a mi casa un hombre desconocido de aspecto francés, figura seria (aunque mal vestido), altura mediana y rostro alargado, sin barba, su pelo era negro y liso, y según me pareció debía tener unos cuarenta y cuatro años. En cuanto a su origen, provenía seguramente del norte de Holanda o de Batavia. Después de saludarme amistosamente solicitó con toda cortesía que le dejara entrada libre en mi casa, pues él no podía ni debía hacerlo sin obtener de mí este permiso. Continuó diciendo que un buen amigo mío le había dado oportunidad de entablar conocimiento conmigo; había leído –dijo-, algunos de mis artículos, concretamente los que escribí contra el famoso polvo del señor Digby's, donde exponía mis dudas acerca del verdadero secreto del sabio. Entretanto sacó de una bolsa una cajita de marfil, adornada artísticamente, de donde a su vez extrajo tres grandes trozos del tamaño de una nuez, que por el color parecían de cristal y tenían todavía adheridas las astillas de azufre amarillo procedentes del crisol en el que dicha materia había sido licuada y cuyo valor calculo que equivaldría a unas veinte toneladas de oro.

«Entretanto, pedí cera amarilla para envolver la materia (una cantidad mínima), puse en el crisol aproximadamente mil gramos de plomo; mientras tanto, mi mujer envolvió la materia de piedra en la cera, haciendo con ella una bola, que arrojó al crisol. Esta manifestó su acción en forma de silbidos, susurros y pompas de aire; pasado un cuarto de hora, toda la masa de plomo se había convertido en ¡precioso oro puro! Aunque hubiera vivido en tiempos de Ovidio no me habría figurado ni creído una transmutación química semejante. En el mayor estado de excitación, me dirigí con todos los presentes a casa del orfebre, presentándole el oro conseguido. Después de efectuar el examen correspondiente, afirmó que se trataba de oro tan puro que no existía en el mundo ninguno que le superara en calidad; asimismo manifestó que pagaría gustoso 50 florines por cada onza».

El profesor de química Johann Conrad Barchusen de Leyden, así como Benedikt Spinoza, recibieron este escrito confirmado por el mismo Helvetius.

2. Kinkel Von Löwenstern, uno de los químicos más significativos de todos los tiempos, realizó un experimento extraordinario, que por desgracia no consiguió repetir. El experimento es calificado de singular, por cuanto en él se habla (como símbolo) de una materia vegetal. Por otra parte, en viejos escritos asiáticos se afirma insistentemente que para elaborar la «tintura de oro» fueron utilizadas plantas.

Kunkel Von Löwenstern escribe:

«Sobre este punto deseo contar una historia: en Ungerland crece una planta de un bonito color verde (¿aludirá quizá Löwenstern al vitriolo solidificado?), con flores blancas y amarillas. Cuando se la quema, las cenizas resultantes son rojas. Como el ácido acético disuelve la orina, la sustancia útil se queda flotando en la superficie y la parte inservible se va al fondo; así, el aceite que sobrenada tiene la propiedad de teñir en una proporción del 80 al 100%. Ahora se puede comprender fácilmente con qué celo he buscado el aceite mencionado. En una ocasión utilicé diferentes clases de vitriolo, así como acetona destilada y no destilada; habiendo transcurrido el tiempo sin que se produjera fenómeno alguno, lo vertí en diferentes vasos, que coloqué en la ventana abierta de mi dormitorio, donde daba el sol (!!!) diariamente. Ocurrió entonces que por mandato de mi bondadoso señor hube de marchar a las montañas, donde permanecí tres meses; cuando a mi vuelta abrí la puerta de la habitación percibí un olor agradable, como si hubiera allí algo de ámbar y almizcle. Fui hasta los vasos que había dejado y vi que sobrenadaba una bella gotita roja de aceite. Lleno de alegría y admiración, visité inmediatamente a su excelencia el señor barón Heinrich Von Friesen, quien conocía el experimento. Me acompañó enseguida al laboratorio y apenas abrí la puerta dijo: «¡Qué olor tan agradable!» (a pesar de que yo no le había dicho nada). Después de deliberar sobre el modo de separar la gotita, inclinamos un poco el vaso y la gota se adhirió a la pared de éste. Tomé entonces un trozo de plata y disolviéndolo en agua fuerte lo precipité por medio de cobre y absorbí el calcio. Entonces supe con certeza que no se trataba de plata con apariencia de oro (¡). Tomé medio gramo y lo puse en un pequeño crisol; luego, absorbiendo la gota por medio de un algodón la puse también en el crisol. Con un soplete derretí el otro medio gramo.

Entretanto, habíamos calentado la estufa de pruebas. Después de disolver la gotita en la plata la vertí en un recipiente y ésta quedó separada de la plata, quedando un fondo de calcio. Como resultado obtuvimos una gotita de precioso oro, con lo cual ambos nos llenamos de alegría. El señor barón tomó el oro obtenido como un objeto curioso en extremo, pues había tenido la paciencia de presenciar el proceso desde el principio al fin. Desde entonces he desperdiciado algunos litros de acetona, pero nunca he podido obtener una gota de oro como aquella».

3. Para terminar consignaremos un informe de nuestro tiempo. Procede de un químico francés, llamado Tiffereau, que vivió en París a mediados del siglo XIX. Sus experimentos no son dignos de crédito; los menciono aquí porque sus teorías sobre transmutación de metales me parecen interesantes.

«Propuse hacer una demostración ante la Academia de Ciencias de París. Esta la rechazó». Lo cual, naturalmente, no dice nada en contra de Tiffereau. La Academia francesa ha rechazado muchas cosas de diferente índole. Tiffereau hizo estudios en México y California sobre las diferentes formas en que se presentan el oro y la plata. Asegura haber transformado el hierro en cobre, el cobre en plata y la plata en oro.

Tiferreau escribe:

«La existencia de nitrato sódico, de combinaciones de yodo, bromo y cloro y de pirita de hierro y nitrato sódico, así como el hecho de que al contacto de todas ellas el influjo de la luz y el calor provocan efectos eléctricos y descomposición de los metales existentes, me hace suponer que los metales se producen de esta forma».

En mi opinión, los procesos que producen la transmutación de los metales, son de naturaleza extremo complicada. La combinación de pirita de hierro y de oxígeno desempeña un importante papel. El calor, la luz y la electricidad permiten y favorecen en cierto sentido la combinación de una materia milenaria, aún desconocida, que constituye los metales. Todo me hace suponer que esta materia es el hidrógeno; el nitrógeno parece actuar sólo como fermento (como ocurre de hecho en los procesos de fermentación de materia orgánica). La combinación del oxígeno y su –en cierto sentido- aleación con la llamada «materia básica», bajo la acción de una materia nitrogenada (excrementos), me parece que constituye la clave de la transformación de metales.

Partí de un hecho que se puede repetir fácilmente: si se mezclan limaduras de plata pura con otras de nitrato sódico durante un tiempo persisten algunas partículas de plata y sólo después de algunos días desaparecen. Si arrojamos ahora limaduras de plata pura en un tubito de ensayo de 4-5 milímetros de diámetro y 10-15 milímetros de altura, conteniendo 36 gramos (la tercera parte de su espacio) de nitrato sódico, se encontrará, que un cierto porcentaje de plata, a pesar del gran calor existente, no se disuelve. Si trabajamos ahora con una aleación de nueve décimas partes de plata y una décima de cobre, se producirá una viva reacción y una cierta cantidad permanece indisoluble. Actuando sin el influjo de la luz solar, obtenemos exactamente el mismo resultado. En todos estos experimentos aparece además del metal indisoluble un precipitado marrón, también indisoluble. Variando la cantidad del ácido o exponiendo la solución más o menos tiempo al calor del sol (i), obtuve unas partículas metaloides, que incluso en el nitrato sódico en ebullición permanecían indisolubles. Por el contrario, se disolvían en el agua corriente. Comparando estos experimentos, llegué a la siguiente conclusión:

1. Una pequeña limadura de oro en la solución facilitaba la producción de oro artificial.
2. Que la plata pura es más pesada que las aleaciones de oro con otros metales.
3. Que en la transformación de metales, la catálisis desempeña un cierto papel.
4. Que el cloro, bromo, iodo y azufre, en presencia del nitrógeno y combinaciones de oxígeno, favorecen la transmutación.
5. Que el ozono parece actuar positivamente.
6. Que una temperatura de 25 grados (los antiguos alquimistas tendían siempre a emplear estos grados) es la más idónea para llevar a cabo el trabajo.
7. Que cuanto más despacio se desarrolle el trabajo, más favorable será el resultado.

Los experimentos de Tiffereau, que fracasaron en Francia, tuvieron éxito en México, lo que éste atribuyó al efecto intensivo de la luz solar. Pero aun sin la influencia del sol, asegura haber fabricado oro. Tiffereau escribe lo siguiente:

«Mezclé 12 partes de ácido sulfúrico y dos partes de nitrato sódico de 40 grados, llenando con éste el tubo de ensayo hasta la cuarta parte de su contenido. Luego puse limaduras de plata y cobre; de este último, sólo una décima parte con relación a la plata. Pronto la solución adquirió una bella tonalidad violeta. Hice hervir el contenido manteniéndolo así durante varios días, con lo cual, progresivamente, fue convirtiéndose en ácido sulfúrico concentrado, mientras el nitrato sódico fue diluyéndose. El largo tiempo de cocción me parece necesario, pues ambos ácidos forman una unión muy acusada y mientras ésta exista no se deposita el oro. Si después de varios días de cocción se agrega algo de agua, aparece una débil reacción de gases nitrato-sódicos, lo que prueba que el ácido sulfúrico concentrado tiene más relación con el agua que con el nitrato sódico. Para separar los vapores de nitrato sódico es necesario agregar un poco de ácido sulfúrico amoniacado y dejarlo hervir un rato. En este experimento parece que el oro se hace manifiesto por medio del gas nitrato sódico, pues a medida que éste disminuye, el oro se precipita en forma de finas escamas; al enfriarse el recipiente, éstas se colocan en las paredes del vaso. He efectuado esta prueba incontable número de veces, obteniendo siempre los mismos resultados».

Dejo dictaminar a los químicos de renombre si esta fórmula de Tiffereau es falsa o correcta. Posiblemente sólo ha separado de la plata el oro que existía ya en ésta. No quiero revolucionar la alquimia con un concepto nuevo. En todo caso me parece que Tiffereau ha desempeñado un cierto papel en la obra teatral del Demiurgo. Tanto si ha aparecido como payaso o proyectando la sombra del gran autor, mi tarea no consiste en averiguarlo.

Este escribirá otras muchas obras no menos interesantes. Actores tiene en abundancia, mientras nosotros, los hombres, no hagamos lo que el Buda Gautama sugiere en estas palabras: «Buscando al constructor del edificio (el «escritor teatral») he recorrido sin pausa el trayecto circular de muchas vidas. Ahora te he encontrado y he penetrado en tu ser. ¡Nunca más me construirás casa alguna!».

Gustav Meyrink

TRATADO SOBRE LA PIEDRA FILOSOFAL

St. Tomás de Aquino

Capítulo I

𝔄ristóteles en el primer libro de los Meteoros, nos enseña que es hermoso y digno de alabanza buscar mediante profundas investigaciones la causa primera que gobierna el concierto admirable de las causas segundas, y los sabios viendo efectos en todas las cosas, llegan a atisbar sus causas ocultas.

Vemos así a los cuerpos celestes ejercer una acción notable sobre los elementos y por la sola virtud de la materia de un solo elemento, ya que de la materia del agua, por ejemplo, pueden ellos extraer las modalidades aeriforme e igniforme.

Todo principio de actividad natural produce, mientras dura su acción, una multiplicación de sí mismo, así como el fuego que aplicado a un leño extrae del mismo una cantidad todavía mayor de fuego.

Vamos a hablar aquí de los agentes más importantes existentes en la naturaleza.

Los cuerpos supracelestes se presentan siempre a nuestros ojos revestidos de la forma material de un elemento, mas no participan de la materia de ese elemento, y sus esferas son de una esencia mucho más simple y sutil que las apariencias concretizadas que nosotros percibimos de ellas. Rogerius expuso esto perfectamente: «Todo principio de actividad –dice– ejerce su acción por su propia similitud, transformándose ésta al mismo tiempo en principio pasivo receptor, aunque sin diferir específicamente del principio activo que la engendró, por ejemplo, si situamos estopa junto al fuego, aunque no esté en contacto con él, el fuego multiplicará su especie como cualquier otro principio de acción y esta especie será multiplicada y recogida en la estopa, tanto por la acción natural y continua del fuego como por la actitud de pasividad que posee la estopa, luego se vivificará hasta la terminación total del acto del fuego. Por lo que se manifiesta que la similitud del fuego no es diferente del fuego mismo, *in specie*.»

Para algunos principios posee una acción específica intensiva, de tal forma que pueden corroborarla por su propia similitud multiplicándose y reformándose sin cesar en todas las cosas, como el fuego. Otros, por el contrario, no pueden multiplicar su especie por similitud y transformar cualquier cosa en ellos mismos, como el hombre.

Así, el hombre no puede actuar multiplicando su similitud, de la misma forma que actúa por sus propios actos, porque la complejidad de su ser le obliga a llevar a cabo una gran variedad de acciones. Por esto, como prueba Rogerius en su libro *de Influentiis*, si el hombre pudiese llevar a cabo una acción poderosa mediante su similitud, como el fuego, sin duda alguna que su especie sería ciertamente un hombre de lo que no se debe inferir que la similitud multiplicada de él no fuese completamente un hombre, situado entonces por encima de la especie.

Por consiguiente, cuando los cuerpos supracelestes ejercen su acción sobre un elemento, actúan con su similitud, y además, producen algo semejante a ellos y casi de su misma especie. Luego, dado que producen el elemento del elemento y la cosa elementada de la cosa elemental, se deduce que participan necesariamente en sí mismos de la naturaleza del elemento. A fin de mejor comprender esto observemos que el sol produce fuego de los cuerpos saturados de orín, y de los cuerpos esféricos cristalinos.

Debes saber, además, que todo principio de actividad, tal como se demuestra en el libro *de Influentiis*, multiplica su similitud siguiendo una línea perpendicular recta y fuerte, lo que se ve evidentemente en el ejemplo de la estopa y del fuego, que inicialmente se unen en un punto tomado sobre una línea imaginaria perpendicular, esto se ve igualmente cuando el orín o el cristal son expuestos al sol y reciben la influencia de los rayos solares que son su similitud. Si operamos por mediación de un espejo, cuando el rayo del sol será proyectado perpendicularmente lo veremos atravesar totalmente el agua o el cuerpo transparente sin quebrarse a causa del elevado coeficiente potencial de su acción, si por el contrario, se le proyecta en una línea recta no perpendicular, se quebrará en la superficie del cuerpo y un nuevo rayo se formará en dirección oblicua; el punto de unión de esos dos rayos se encuentra sobre la línea perpendicular ideal. Y es el punto de máxima energía del calor solar, pues si colocamos en él estopa o cualquier otro cuerpo combustible se inflamará inmediatamente.

De todo esto se deduce que cuando la similitud del sol (es decir, sus rayos) está confirmada por la acción continuada del sol mismo, engendra el fuego. El sol posee así el principio y todas las propiedades del fuego, como demuestran los espejos ardientes.

Este tipo de espejos se construyen de acero perfectamente pulido, de tal forma y disposición que unificando el haz de los rayos solares lo proyectan siguiendo una línea única de gran fuerza incandescente. Al colocar debidamente dicho espejo en la proximidad de una ciudad, villa o cualquier otro lugar, no tarda en producirse un incendio tal como dice Athan en el libro *Los Espejos ardientes*.

Es manifiesto que el sol y los otros cuerpos supracelestes no participan en forma alguna de la materia del Elemental y, por consiguiente, están exentos de corrupción, ligereza y pesadez.

Aquí hay que efectuar una distinción entre los elementos: algunos son simples e infinitamente puros, sin tener la virtud transmutatoria necesaria para evolucionar hasta otro plano de modalidad pues la materia de la que están formados se encuentra delimitada por la más perfecta forma que les pueda convenir. No desean otra. Y de esos elementos están probablemente formados los cuerpos supracelestes. Pues situamos al agua realmente por encima del firmamento y de lo cristalino. Y lo mismo podemos decir de los otros elementos. Y es de esos elementos de los que están compuestos los cuerpos supracelestes, por el poder divino o por las inteligencias a través de las que dicho poder actúa. Esos elementos no pueden engendrar pesadez ni ligereza pues esos son accidentes que no pertenecen más que a las tierras groseras y bastas. Sin embargo producen el fenómeno de la coloración, pues las variedades de la luz son debidas a un fluido imponderable. Así los cuerpos supracelestes parecen de color dorado y relucientes como si ellos mismos fuesen alcanzados por un rayo de luz, al igual que un disco dorado reluce y proyecta su resplandor cuando le llegan los rayos del sol.

Los astrólogos atribuyen a esos elementos la causa de los destellos y de la coloración dorada de las estrellas, como demuestran Isaac y Rogerius en el libro *de Sensu*, y dado que ellas fueron engendradas de ciertas cualidades de los elementos, deducimos que está en la naturaleza elemental el poseerlas.

Pero como esos elementos son por naturaleza de una pureza infinita y jamás se han mezclado a ninguna sustancia inferior, obligatoriamente deducimos que en los cuerpos celestes deben encontrarse corporeizados y en una proporción tal que no pueden separarse unos de otros. Y esto no nos debe sorprender en absoluto pues, cooperando con la naturaleza por los procedimientos del arte, yo mismo he separado los cuatro elementos de varios cuerpos inferiores, de forma que he obtenido separadamente cada uno de ellos, tanto el agua, el fuego o la tierra. He purificado cada uno de esos elementos tanto como me ha sido posible, uno tras otro, mediante una operación secreta, y una vez esto concluido he obtenido una cosa admirable (*quaedam admirabilis res*) que no está sometida a ninguno de los elementos inferiores, pues dejándola tanto tiempo como quisiese en el fuego, no es consumida ni sufre ningún cambio. No nos extrañe, pues, que los cuerpos celestes sean de una naturaleza incorruptible, ya que están totalmente compuestos de elementos, y sin duda alguna la sustancia que yo obtuve participaba también de la naturaleza de esos cuerpos. Por eso Hermes, que fue tres veces grande en filosofía se expresa así: «Fue para mí una gran alegría, sin comparación a ninguna otra, el llegar a la perfección de mi obra y ver la quintaesencia sin mezcla alguna de materia de los elementos inferiores».

Una parte de fuego posee más energía que cien partes de aire y, por consiguiente, una parte de fuego puede fácilmente dominar mil partes de tierra. Ignoramos según qué proporción absoluta tiene lugar la mezcla de esos elementos; sin embargo, por la práctica de nuestro arte hemos observado que cuando los cuatro elementos son extraídos de los cuerpos y purificados cada uno separadamente, es necesario para llevar a cabo su conjunción, tomar pesos iguales de aire, agua y tierra, mientras que no hay que añadir más que la dieciseisava parte de fuego. Esta es la proporción que forma todos los elementos, pese a que sin embargo, las propiedades del fuego dominen sobre las demás. Proyectando una parte sobre mil de mercurio, observamos que se coagula y se vuelve rojo. Por esto es evidente que una composición tal es de una esencia próxima a la de los cuerpos celestes ya que en la transmutación se comporta como el principio activo más enérgico.

CAPÍTULO II

De los cuerpos inferiores de la naturaleza y de las propiedades de los minerales y de las piedras

Vamos a tratar ahora los cuerpos inferiores. Como éstos están divididos en minerales, plantas y animales, comenzaremos por estudiar la naturaleza y las propiedades de los minerales. Los minerales se dividen en piedras y metales. Estos últimos están formados según las mismas leyes y siguiendo las mismas proporciones cuantitativas que las otras criaturas, sólo que su constitución particular es el resultado de un número mucho más grande de operaciones y de transmutaciones que la de los elementos o de los cuerpos supracelestes, pues la composición de su materia es pluriforme.

La materia que compone las piedras es, pues, de una naturaleza muy inferior, grosera e impura, conteniendo más o menos tierra según el grado de pureza de la piedra. Como dice Aristóteles en su libro de los Meteoros (que algunos atribuyen a Avicena), la piedra no está formada de tierra pura, es más bien una tierra acuosa, así vemos algunas piedras formarse en los ríos o la sal extraerse por evaporación del agua salada. Este agua que posee mucha tierra, se coagula en forma petrificada por el calor del sol o del fuego.

La materia de la que se componen las piedras es pues, un agua grosera. El principio activo es el calor o el frío que coagulan el agua extrayendo su esencia lapidiforme. Esta constitución de las piedras la confirma el ejemplo de los animales y de las plantas, que sienten las propiedades de las piedras e incluso las producen ellos mismos, lo que merece ser considerado con la mayor atención.

Algunas de esas piedras se encuentran en efecto coaguladas en los animales, por mediación del calor, y algunas veces poseen propiedades más enérgicas que aquellas que no proceden de ellos y han sido formadas según la vía ordinaria. Otras piedras son formadas por la naturaleza misma, activada por la virtud de otros minerales. Pues, dice Aristóteles, al mezclar dos aguas diferentes se obtiene la llamada Lecha de la Virgen, que se coagula ella misma en piedra. Para esto se dice que hay que mezclar litargirio disuelto en vinagre con una solución de sal alkali y pese a que ambos líquidos sean muy claros al efectuar su conjunción formarán inmediatamente un agua espesa y blanca como la leche. Embebidos en este agua, los cuerpos que se quieran transformar en piedras, se coagularán de inmediato. Si la cal de plata o cualquier otro cuerpo semejante se arroja en este agua y se trata con el fuego suave, se coagulará. La Leche de la Virgen posee realmente la propiedad de transformar cualquier cal, en piedra. Igualmente en la sangre, los huevos, el cerebro, el pelo y otras partes del cuerpo de los animales, se forman piedras, de una virtud y una eficacia admirables. Si tomamos, por ejemplo, sangre humana y la dejamos pudrir en estiércol caliente y después la colocamos en el alambique, destilará un agua blanca semejante a la leche. Si aumentamos seguidamente el fuego destilará una especie de aceite. Finalmente se rectifica el residuo (*faeces*) que queda en el alambique y se vuelve blanco como la nieve.

Se le mezcla con aceite echándoselo sobre él, formándose entonces una piedra límpida y roja, de una eficacia y virtud admirables, que detiene las hemorragias y cura numerosas enfermedades. Hemos extraído también una de las plantas por el siguiente método: quemamos las plantas en el horno de calcinación, seguidamente convertimos esta cal en agua, la destilamos y la coagulamos. Se transforma entonces en una piedra dotada de virtudes más o menos grandes, según la virtud de las plantas usadas y de su variedad. Algunos producen piedras artificiales que examinadas minuciosamente parecen semejantes en todo a las piedras naturales, se hacen topacios que no difieren en nada de los naturales y también zafiros por un procedimiento idéntico.

Se dice que la materia de todas las piedras preciosas es el cristal que es un agua que posee muy poca tierra, coagulada bajo la acción de un frío muy intenso. Se pulveriza cristal sobre un mármol, se le embebe de aguas fuertes y de disolventes enérgicos, recomenzando varias veces, desecándolo y pulverizando de nuevo para humedecerlo después otra vez con los disolventes hasta que la mezcla no forme más que un cuerpo totalmente homogéneo, se le coloca seguidamente sobre el estiércol caliente donde al cabo de un tiempo se convertirá en agua, se destila ésta, que se clarificará y volatilizará en parte. Seguidamente tomamos otro líquido rojo, hecho de vitriolo rojo calcinado y de orina de niños. Se mezclan y se destilan de la misma forma un gran número de veces estos dos licores, siguiendo los pesos y las proporciones necesarias, se les pone en el estercolero a fin de que se mezclen más íntimamente y después se los coagula de forma química con un fuego lento, lo que forma una piedra semejante en todo al topacio. Cuando se quiera hacer un zafiro, el segundo licor se forma con orina de azur en lugar de vitriolo rojo, y así todas las demás según la diversidad de los colores, naturalmente el agua usada debe ser de la misma naturaleza que la piedra que se quiere producir. El principio activo es pues, el calor o el frío y así el frío intenso o el calor suave extraen de la materia la forma de la piedra que no estaba más que en potencia y como sepultada en el fondo del agua. En las piedras, como en todas las demás cosas, se pueden distinguir tres cosas, se pueden distinguir tres atributos, la sustancia, la virtud y la acción. Podemos juzgar sus virtudes por las acciones ocultas y muy eficaces que producen, así como juzgamos las acciones de la naturaleza y de los cuerpos supracelestes.

No hay pues, duda que ellas poseen ciertas propiedades y virtudes ocultas de los cuerpos supracelestes y que participan de su sustancia, lo que no quiere decir que estén compuestas de la misma sustancia que las estrellas, sino que poseen las virtudes sublimadas de los cuatro elementos, ya que algunas piedras participan un poco de la constitución de las estrellas o cuerpos supracelestes, tal como he manifestado ya al tratar dichos cuerpos. Habiendo aislado los cuatro elementos de algunos cuerpos, los purifiqué y así purificados los combiné; obtuve entonces una piedra de una eficacia y de una naturaleza tal que los cuatro elementos groseros e inferiores de nuestra esfera no tenían acción alguna sobre ella.

Es hablando de esta operación que Hermes (el Padre, como le llama Aristóteles, quien fue tres veces grande y que conoció todas las ciencias tanto en su esencia como en su aplicación), es hablando, digo, de esta operación cuando manifestó: «Fue para mí la mayor felicidad posible el ver la quintaesencia desprovista de las cualidades inferiores de los elementos».

Parece, pues, evidente que ciertas piedras participan un poco de la quintaesencia, lo que es cierto y ha sido manifestado por las operaciones de nuestro arte.

Capítulo III

De la constitución y de la esencia de los metales

Los metales son formados por la naturaleza, cada uno según la constitución del planeta que le corresponde y es de esta forma como el artista debe operar. Existen, pues, siete metales que participan cada uno de un planeta, a saber: el oro viene del sol y de él lleva el nombre, la plata de la Luna, el hierro de Marte, la plata viva de Mercurio, el estaño de Júpiter, el plomo de Saturno, el cobre y el bronce de Venus. Estos metales toman además sus nombres de sus planetas.

De la materia esencial de los metales

La primera materia de todos los metales es el mercurio. En unos se encuentra congelado ligeramente y en otros mucho más. Así se puede establecer una clasificación de los metales basada en el grado de acción de su planeta correspondiente, en la perfección de su azufre, en el grado de congelación de su mercurio y en la tierra que poseen, lo que les asigna un lugar determinado en relación a todos los demás metales.

Así, el plomo no es otra cosa que un mercurio terrestre, es decir, que participa de la tierra, congelado débilmente y mezclado con un azufre sutil y escaso. Como la acción de su planeta es débil y lejana, se encuentra en inferioridad con relación al estaño, al cobre, al hierro, a la plata y al oro.

El estaño es plata viva sutil, poco coagulada, mezclada a un azufre grosero e impuro. Por eso está bajo la dominación del cobre, del hierro, de la plata y del oro.

El hierro está formado de un mercurio grosero y terrestre y de un azufre muy impuro y también terrestre, pero la acción de su planeta lo coagula intensamente, por eso no encontramos sobre él más que el cobre, la plata y el oro. El cobre está formado de un azufre poderoso y de un mercurio bastante grosero.

La plata está formada de un azufre blanco, claro, sutil, que no quema, y de un mercurio sutilmente coagulado, limpio y claro, bajo la acción del planeta de la luna. Por eso no está más que bajo la dominación del oro.

El oro, verdaderamente el más perfecto de todos los metales, está compuesto de un azufre rojo, claro, sutil, y de un mercurio sutil y claro, puesto intensamente en acción por el sol. Por eso el azufre no lo puede quemar, al contrario de lo que ocurre con todos los demás metales.

Es pues evidente que puede hacerse oro de todos estos metales, y que de todos, exceptuando al oro, se puede hacer plata. Podemos convencernos con el ejemplo de las minas de oro y de plata de las que se extraen otros metales, mezclados con las marcasitas de oro y de plata. No hay duda de que esos metales se habrían transformado ellos mismos en oro y plata, si hubiesen permanecido en la mina el tiempo necesario para que la acción de la naturaleza hubiese podido manifestarse.

En cuanto a saber si es posible hacer artificialmente oro con los otros metales destruyendo las formas de sus sustancias, y la forma en que hay que operar, de ello hablaremos en el tratado *de esse et essentia rerum sensibilium*. Aquí vamos a admitirlo como una verdad demostrada.

CAPÍTULO IV

De la transmutación de los metales y de la que tiene lugar según el arte

La transmutación de los metales puede llevarse a cabo artificialmente al cambiar la esencia de un metal en la esencia de otro, pues lo que está en potencia puede evidentemente convertirse en acto, como dice Aristóteles o Avicena: «Los alquimistas saben que las especies no pueden jamás ser transmutadas verdaderamente más que cuando se lleva a cabo la reducción a su primera materia». Esta primera materia de todos los metales, según opinión de todos se aproxima mucho a la naturaleza del mercurio. Mas aunque esta reducción sea en gran parte obra de la naturaleza, no es inútil ayudarla por mediación del arte. Esto es difícil, y es en esta operación donde se cometen un gran número de faltas y donde muchos disipan en vano su juventud y sus fuerzas, y seducen a los reyes y los grandes con promesas vanas que no pueden cumplir, al no saber discernir los libros erróneos, las impertinencias, ni las falsas operaciones descritas por los ignorantes, al final no obtienen más que un resultado totalmente nulo. Habiendo considerado que los reyes tras muchas operaciones minuciosas no pudieron llegar a la perfección, pensé que esta ciencia era falsa. Releí los libros de Aristóteles y Avicena, donde encontré la verdad tan velada bajo enigmas, que parecían sin sentido. Leí los libros de sus detractores y encontré locuras semejantes. Finalmente consideré los principios de la naturaleza, y en ellos vi la Vía de la Verdad.

Observé que el mercurio penetraba y atravesaba a los otros metales, pues si se tiñe el cobre con plata viva mezclada con igual cantidad de sangre y de arcilla, ese cobre será penetrado interior y exteriormente y se volverá blanco, aunque este color no sea permanente. Sabemos ya que la plata viva se mezcla con los cuerpos y los penetra. Consideré pues que si ese mercurio fuese retenido no podría escaparse y que si yo pudiese encontrar un medio de fijar la disposición de sus moléculas con los cuerpos, ocurriría que el cobre y los otros cuerpos mezclados con él no podrían ser quemados por aquellos que quemándolos normalmente no tienen acción alguna sobre el mercurio. Pues este cobre sería entonces semejante al mercurio y poseería sus mismas cualidades.

Sublimé una cantidad de Mercurio suficientemente grande para que la fijación de sus disposiciones internas no fuera alterada, es decir, para que no se sutilizara en el fuego. Una vez sublimado lo hice disolverse en agua a fin de reducirlo a materia prima, embebí con este agua cal de plata y de arsénico sublimado y fijo. Después disolví todo en estiércol caliente de caballo. Congelé la disolución y obtuve una piedra clara com el cristal que tenía la propiedad de dividir, de partir las partículas de los cuerpos, de penetrarlos y de fijarse a ellos con intensidad, de tal suerte que un poco de esta sustancia proyectada sobre una gran cantidad de cobre la transformó inmediatamente en una plata tan pura que era imposible encontrar mejor. Quise comprobar si podría igualmente convertir en oro nuestro azufre rojo. Lo hice hervir en agua fuerte a fuego lento. Una vez este agua se volvió roja la destilé en el alambique y obtuve como resultado en el fondo de la cucúrbita un azufre rojo puro que congelé con dicha piedra blanca a fin de volverla roja. Proyecté una parte sobre cierta cantidad de cobre y obtuve un oro muy puro.

En cuanto al procedimiento oculto que empleo, no lo indico más que en sus líneas generales y no lo digo aquí a fin de que nadie comience a operar a menos que conozca perfectamente los modos de sublimación, de destilación y de congelación y que sea experto en la forma de los vasos, y en los hornos, y en la cantidad y calidad del fuego.

He operado también por mediación del arsénico y obtuve una plata muy buena pero no perfectamente pura. Obtuve igualmente el mismo resultado con el oropimente sublimado, es el método llamado transmutación de un metal en otro.

CAPÍTULO V

De la naturaleza y de la producción de un nuevo Sol y de una nueva Luna por la virtud del azufre extraído de la piedra mineral

Hay, no obstante, un modo más perfecto de transmutación que consiste en convertir mercurio en oro y plata, por mediación del azufre rojo o blanco, claro, simple, como lo enseña Aristóteles en *in secretis secretorum*, con un método muy vago y confuso, pues éste es «el secreto de los sabios», dice a Alejandro: «La providencia divina te aconseja esconder tu designio y llevar a cabo el misterio que te voy a exponer de forma oscura, al nombrar alguna de las cosas de las que puede extraerse ese principio verdaderamente poderoso y noble».

Estos libros no son publicados para el vulgo sino para los iniciados.

Si alguien, presumiendo de sus fuerzas, comenzase la obra, le exhorto desde aquí a no hacerlo, a menos que sea muy experto y hábil en el conocimiento de los principios naturales, y que sepa emplear con discernimiento los modos de destilación, disolución, congelación y, sobre todo, los diversos tipos y grados de fuego.

Además, quien quiera realizar la obra por avaricia no lo conseguiría, sino solamente aquel que trabaje con sabiduría y discernimiento.

La piedra mineral de la que hay que servirse para producir este efecto es precisamente el azufre blanco y rojo claro, que no arde, y que se obtiene por la separación, la depuración y la conjunción de los cuatro elementos.

Enumeración de las obras minerales

Toma, en el nombre de Dios, una libra de ese azufre. Tritúralo fuertemente sobre mármol y embébelo con una libra y media de aceite de oliva muy puro del que usan los filósofos. Redúcelo todo a una pasta que pondrás en una sartén (*sartagine physica*) y que disolverás en el fuego cuando veas subir una espuma roja retirarás la materia del fuego y dejarás descender la espuma sin cesar de remover con una espátula de hierro, luego lo pondrás de nuevo sobre el fuego y reiterarás esta operación hasta que obtengas la consistencia de la miel. Seguidamente volverás a poner la materia sobre el mármol donde se congelará como la carne o como el hígado cocido. La cortarás seguidamente en varios trozos del tamaño y de la forma de la uña, y con un peso igual de quintaesencia de aceite de tártaro, lo volverás a poner al fuego durante dos horas aproximadamente.

Cierra seguidamente la obra en una ánfora de vidrio bien tapada, con el sello de la sabiduría. Que dejarás sobre el fuego lento durante tres días y tres noches. Después pondrás el ánfora con la medicina en agua fría durante otros tres días. Después cortarás de nuevo la obra en trozos del tamaño de tu uña y la pondrás en una cucúrbita de cristal sobre el alambique. Destilarás así un agua blanca parecida a la leche, que es la verdadera Leche de la Virgen. Cuando esta agua esté destilada, aumentarás el fuego y la trasvasarás a otra ánfora. Toma ahora aire que sea semejante al aire más puro y más perfecto, porque ese es el que contiene el fuego. Calcina en el horno de calcinación la tierra negra que queda en el fondo de la cucúrbita hasta que se vuelva blanca como la nieve. Métela en agua destilada siete veces, a fin que una hoja de cobre abrasada y apagada por tres veces, se vuelva totalmente blanca. Se debe hacer lo mismo con el agua que con el aire. En la tercera destilación encontrarás el aceite y toda la tintura como un fuego en el fondo de la cucúrbita. Comenzarás una segunda y una tercera vez, y recogerás el aceite. Seguidamente tomarás el fuego que queda en el fondo de la cucúrbita semejante a sangre negra y blanda. Lo guardarás para destilarlo y probarlo con la lámina de cobre, como hiciste con el agua. Ahora conoces la manera de separar los cuatro elementos. Sin embargo, el modo de unirlos es ignorado por todos.

Toma la tierra y tritúrala sobre una mesa de cristal o de mármol muy limpia. Embébela en un peso igual de agua hasta que forme una pasta. Colócala en un alambique y destílala. Embebe de nuevo lo que te quedará en el fondo de la cucúrbita con el agua que habrás destilado hasta haberla absorbido totalmente.

Seguidamente embébela en una cantidad igual de aire usando éste como has usado el agua, y obtendrás una piedra cristalizada, que proyectada en pequeña cantidad sobre mercurio, lo convertirá en plata verdadera. Esta es la virtud del azufre blanco formado de tres elementos: la tierra, el agua y el aire. Si ahora tomas una diecisieteava parte de fuego y la mezclas con los tres elementos citados, y los destilas, y los embebes como hemos dicho, obtendrás una piedra roja, clara, simple, que no arde, y de la que una pequeña parte proyectada sobre una considerable masa de mercurio lo convertirá en oro muy puro. Este es el método para perfeccionar la piedra mineral.

Capítulo VI

De la piedra natural, animal y vegetal

xiste otra piedra, que según Aristóteles, es una piedra que no es una piedra. Es a la vez mineral, vegetal y animal. Se encuentra en todos los lugares y en todos los hombres, y es dicha piedra la que deberás putrificar en el estercolero y colocarla tras esa putrefacción en una cucúrbita sobre el alambique. Extraerás los elementos de la manera dicha, efectuarás su conjunción y obtendrás una piedra de gran eficacia y virtud. No te extrañe el que haya dicho de putrificarla en el estiércol caliente de caballo tal como debe hacerlo el artista, pues si colocamos allí pan de trigo candeal, después de nueve días se transformará en carne mezclada con sangre. Es por este motivo, creo, que Dios ha querido escoger el pan de trigo con preferencia a cualquier otra materia, pues es el alimento primero del cuerpo antes de cualquier otra sustancia y de él se pueden fácilmente extraer los cuatro elementos y hacer una obra excelente.

De todo lo dicho se deduce que todo cuerpo compuesto puede ser reducido a mineral, y esto, no solamente por la naturaleza, sino también por el arte, Bendito sea Dios que dio a los hombres semejante poder, ya que, imitando a la naturaleza, puede transmutar las especies, lo que la naturaleza indolentemente no efectúa sino tras un tiempo inmenso. Ved seguidamente otros métodos de transmutación de los metales, tal como se encuentran en los libros de las Tosas, de Archelaus, en el séptimo libro de los Preceptos, y en muchos más tratados de Alquimia.

Capítulo VII

De la manera de operar mediante el Espíritu

Hay un modo de operar mediante el espíritu y es importante saber que existen cuatro clases de espíritus, llamados así porque se volatilizan al contacto con el fuego y participan de la naturaleza de los cuatro elementos, esto es: el azufre, que posee la naturaleza del fuego, la sal amoniaco, el mercurio, que posee las propiedades del agua y al que todavía se le llama servidor fugitivo (*servus fugituvus*) y el oropimente o arsénico, que posee el espíritu de la tierra. Algunos han operado mediante uno de estos espíritus, sublimándolo y convirtiéndolo en agua, destilándolo y congelándolo, después, habiéndolo protegido sobre cobre, operaron la transmutación. Otro se sirvió de dos de estos espíritus. Otro de tres, y otro, en fin, de los cuatro juntos. Este es el método: tras haber sublimado cada uno de estos elementos separadamente un gran número de veces hasta que estén fijos, y de haberlos destilado y después disuelto en agua fuerte y haberlos embebido de disolventes enérgicos, se reducen todas esas aguas, se las destila y se las congela de nuevo todas juntas obteniendo una piedra blanca como el cristal que proyectada en pequeña cantidad sobre un metal cualquiera lo cambia en verdadera luna. Se dice generalmente que esta piedra está compuesta de los cuatro elementos llevados a un alto grado de pureza. Otros creen que la compone un espíritu unido con los cuerpos. Mas yo no creo que este método sea verdadero y creo que es ignorado por todos, aunque Avicena cita algunas palabras en su Epístola.

Lo experimentaré cuando tenga el tiempo y el lugar adecuados.

CAPÍTULO VIII

De la preparación de los fermentos de Saturno y de otros metales

Toma pues dos partes de saturno (plomo) si quieres llevar a cabo la obra del sol, o bien dos partes de Júpiter (estaño), para la obra de la Luna. Añade una tercera parte de mercurio a fin de formar una amalgama que será una especie de piedra muy frágil que mezclarás con cuidado sobre el mármol embebiéndola de vinagre muy ácido y de agua que contenga en disolución sal común preparada de la mejor forma, embebiendo y desecando cada vez hasta que la sustancia haya absorbido el máximo de agua. Entonces embeberás ese lingote con agua de alumbre a fin de obtener una pasta blanda que disolverás en agua. Destilarás seguidamente esta disolución tres o cuatro veces, la congelarás y obtendrás una piedra que convierte a Júpiter en Luna.

Capítulo IX

Del procedimiento de reducción de Júpiter también llamado la Obra del Sol

Para la Obra del Sol, toma vitriolo bien depurado, rojo y bien calcinado y disuélvelo en orina de niños. Destila todo y repítelo tantas veces como sea necesario hasta obtener un agua muy roja. Mezcla entonces ese agua con la citada anteriormente, antes de la congelación. Coloca ambos cuerpos en el estercolero durante algunos días a fin de que se acoplen mejor y después destílalos y congélalos conjuntamente. Obtendrás entonces una piedra roja semejante al topacio, de la que una parte proyectada sobre siete partes de mercurio o de Saturno bien puro los transformará en oro.

En otros libros se encuentran multitud de otras operaciones confusas y de número infinito que no hacen sino inducir a los hombres a error y de las que es superfluo el hablar. No he tratado de esta ciencia por codicia sino a fin de constatar los efectos admirables de la naturaleza y para investigar sus causas, no solamente las generales, sino también las especiales e inmediatas, no solamente las accidentales, sino también las esenciales. He tratado de ella ampliamente, así como de la separación de los elementos de los cuerpos.

Esta obra es verdaderamente cierta y perfecta, pero exige tanto trabajo y yo sufro tanto por la imperfección de mi cuerpo que no la intentaría en absoluto, salvo en caso de necesidad acuciante. Lo que aquí he manifestado de los minerales es más que suficiente.

TRATADO SOBRE EL ARTE DE LA ALQUIMIA

St. Tomás de Aquino

Dedicado al hermano Reinaldo

Por tus asiduas peticiones, mi muy querido hermano, me propongo describirte en este breve tratado dividido en ocho capítulos, ciertas reglas simples y eficaces para nuestras operaciones, así como el secreto de las verdaderas tinturas, pero antes que nada te tengo que recomendar tres cosas.

Primero: no prestes demasiada atención a las palabras de los filósofos modernos o antiguos que han tratado de esta ciencia, pues la Alquimia consiste totalmente en la capacidad del entendimiento y en la demostración experimental. Los filósofos, queriendo esconder la verdad, han hablado casi todos de forma figurativa.

Segundo: no aprecies ni estimes nunca la pluralidad de las cosas ni las composiciones formadas de elementos hetereogéneos, pues la naturaleza no produce nada si no es mediante los semejantes, aunque el caballo y el burro puedan producir al mulo, ésta es una generación imperfecta, como la que puede producirse por un azar excepcional con sustancias variadas.

Tercero: no seas indiscreto, vigila tus palabras, y como hijo prudente, no arrojes perlas a los cerdos.

Mantén siempre presente en tu espíritu el fin por el que emprendiste la obra. Ten por seguro que si tienes constantemente ante tus ojos estas reglas que fueron dadas por Alberto el Grande, no tendrás que pedir nada a los reyes y a los grandes, al contrario, los reyes y los grandes te cubrirán de honores. Serás admirado por todos, sirviendo mediante este arte a los reyes y a los prelados, pues no solamente socorrerás sus necesidades, sino que también ayudarás a todos los indigentes, y lo que darás de este modo, tendrá tanto valor en la eternidad como una oración. Que estas reglas sean, pues, guardadas en el fondo de tu corazón bajo un triple sello inviolable, ya que en mi otro libro, destinado al vulgo, he hablado de filosofía mientras que aquí, confiando en tu discreción, te revelo los secretos más ocultos.

De la operación

al como enseña Avicena en su epístola al rey Assa, nuestra búsqueda va encaminada hacia una sustancia verdadera, por mediación de varias íntimamente fijadas, sustancia que situada en el fuego es mantenido y alimentada por él, que es además penetrante y activa, que tiñe el mercurio y los otros cuerpos. Tintura muy verdadera, que tiene el peso requerido y que sobrepasa por su excelencia a todos los tesoros del mundo.

Para hacer esta sustancia, como dice Avicena, hay que tener paciencia, tiempo y los instrumentos necesarios.

Paciencia porque según Geber, la precipitación es obra del diablo, así quien no tenga paciencia debe suspender el trabajo.

Tiempo, porque en toda acción natural resultante de nuestro arte, los medios y el tiempo están rigurosamente determinados.

Los instrumentos necesarios no son un gran número, pues como veremos seguidamente nuestra obra se lleva a cabo por mediación de una cosa, de un vaso, de una sola vía y de una sola operación, tal como enseña Hermes.

Se puede hacer la medicina con la aglomeración de varios principios, sin embargo, no es necesaria más que una sola materia y ninguna otra cosa extraña, salvo el fermento blanco o rojo.

Toda la obra es puramente natural, basta observar los diversos colores según el tiempo en que aparecen.

El primer día hay que levantarse temprano y ver si la vida está en flor y si se transforma en cabeza de cuervo, pues pasa por colores diversos entre los que hay que destacar el blanco intenso que es el que esperamos y el que revela a nuestro rey, es decir, al elixir o polvo simple, que tiene tantos nombres como cosas hay en el mundo.

Para terminar en pocas palabras, nuestra materia o magnesia es la plata viva preparada con orina de niños de doce años, inmediatamente tras su emisión y que no haya servido nunca para la gran obra. Se le llama, para el vulgo, tierra de España o Antimonio, más observa bien que no estoy designando el mercurio común del que se sirven algunos sofistas y que no da más que un resultado mediocre, pese a los grandes gastos que ocasiona. Si te decidieses a trabajar con él, llegarías inevitablemente a la verdad, pero únicamente tras una interminable cocción y digestión. Sigue más bien al bienaventurado Alberto el Grande, mi maestro, y trabaja con la plata viva mineral, pues en ella sola está el secreto de la obra. Efectúa después la conjunción de las dos tinturas, la blanca y la roja, procedentes de los dos metales perfectos que, únicamente ellos dan una tintura perfecta. El mercurio no comunica esta tintura sino después de haberla recibido, es por esto que al mezclarlas las dos, se unirán mejor con él y lo penetrarán más íntimamente.

De la composición del Mercurio y de su separación

Aunque nuestra obra se complete únicamente con nuestro mercurio, éste tiene, no obstante, necesidad del fermento rojo o blanco. Entonces se mezclará con facilidad con el sol y la luna, pues estos dos cuerpos participan mucho de su naturaleza y son también más perfectos que los demás. La razón es que los cuerpos son más perfectos, cuanto más mercurio contienen. Así el sol y la luna, al contener más que los otros, se mezclan con el rojo y con el blanco y se fijan en el fuego, pues es el mercurio solo quien perfecciona la obra. En él encontramos todo cuanto necesitamos, sin que tengamos necesidad de añadir nada más.

El sol y la luna no le son extraños ya que desde el principio de la obra son reducidos a su materia prima, es decir, a mercurio. En él tienen pues su origen. Algunos se esfuerzan en acabar la obra mediante el mercurio solo o la simple magnesia, lavándolos en vinagres muy agrios, cociéndolos en aceite, sublimándolos, quemándolos, calcinándolos, destilándolos, sacando sus quintaesencias, torturándolos mediante los elementos y causándoles infinidad de suplicios, pensando que estas operaciones les serán rentables y finalmente no sacan más que un resultado muy modesto.

Créeme, hijo mío, todo nuestro misterio consiste solamente en el régimen y la distribución del fuego y en la dirección inteligente de la obra.

No tenemos sino muy poco que a hacer. Es la virtud del fuego bien dirigido quien opera sobre nuestra obra, sin que tengamos gran trabajo, ni muchos gastos, pues estando nuestra piedra en su estado primero, es decir, el agua primera, o Leche de la Virgen, o Cola de Dragón, una vez disuelta, se calcina, se sublima, se destila, se reduce, se lava y se congela ella misma y con la virtud del fuego bien proporcionado se concluye sola en un único vaso y sin ninguna otra operación manual. Verás pues, hijo mío, que los filósofos han hablado figurativamente de operaciones manuales. A fin de que estés seguro sobre la purgación de nuestro mercurio, te voy a enseñar su preparación simple. Toma, pues, mercurio mineral o Tierra de España, o Antimonio o Tierra Negra, que es lo mismo y que no haya sido empleado antes en ninguna otra operación. Tomarás veinticinco libras o un poco más y las harás pasar a través de un trapo de lino que no sea muy tupido, y éste es el lavado verdadero. Mira bien tras la operación que no quede ninguna impureza o escoria en el trapo, pues entonces el mercurio no podrá ser empleado en nuestra obra. Si no apareciese nada puedes considerarlo excelente. Fíjate bien que no es necesario añadir nada a ese mercurio y que la obra puede ser con él concluida.

IV

De la composición del Sol y de Mercurio

Toma el sol común muy depurado, es decir, calentado al fuego, lo que da un fermento rojo. Toma dos onzas y córtalas en trocitos con las tenazas. Añade catorce onzas de Mercurio que expondrás al fuego en un ladrillo hueco, después, disuelve el oro removiendo con una varilla de madera. Cuando esté bien disuelto y mezclado, sitúalo en agua clara sobre una escudilla de cristal o de piedra, lávalo y límpialo hasta que el agua pierda la negrura, entonces si te fijas, escucharás la voz del pájaro (*vox turturis*) en nuestra tierra. Cuando esté bien purificada, sitúa la amalgama en un trozo de cuero atado en su parte superior a la manera de un saco, después presionarás fuertemente para que pase a través suyo. Cuando dos onzas hayan sido así prensadas, las catorce que quedan en el cuero son aptas para ser empleadas en nuestra operación. Toma buen cuidado de no extraer más que dos onzas, ni más ni menos, si hubiese más, las recortarás, si hubiese menos deberás añadir. Y estas dos onzas así exprimidas, que son llamadas Leche de la Virgen, las reservarás para la segunda operación.

Trasvasa ahora la materia a un vaso de cristal y ponlo en el horno descrito más arriba. Después, tras encender el fuego debajo, deberás calentar día y noche sin extinguir el fuego jamás. La llama deberá estar totalmente cerrada envolviendo el atanor que deberá estar bien fijo sobre el hornillo y bien sellado con el sello de la sabiduría.

Si tras un mes o dos has observado las flores explosivas y los colores principales de la obra, es decir, el negro, el blanco, el cetrino y el rojo, entonces sin ninguna otra operación de tus manos, por la sola dirección del fuego, lo que estaba manifestado será, y lo que estaba escondido se manifestará. Así nuestra materia llega por ella misma al elixir perfecto, convirtiéndose en un polvo muy sutil llamado tierra muerta y hombre muerto en el sepulcro, o magnesia seca. Este espíritu está escondido en el sepulcro y el alma está casi separada. Cuando hayan transcurrido veintiséis semanas desde el comienzo de la obra lo que era grosero se volverá sutil, lo que era rudo se volverá blando, lo que era dulce se volverá amargo y por la virtud oculta del fuego se concluirá la conversión de los principios. Cuando el polvo esté totalmente seco y tú hayas acabado estas operaciones, ensayarás la transmutación del mercurio, después te enseñaré otras dos, ya que una parte de esta obra no puede todavía transmutar más que siete partes de mercurio muy puro.

De la amalgama al blanco

Se sigue el mismo método para obtener el fermento blanco o fermento de la luna. Se mezcla este fermento blanco con siete partes de mercurio muy puro como hemos hecho para el blanco. Pues en la obra al blanco no entra otra materia más que lo blanco y en la obra al rojo no entra otra cosa más que el rojo. Así, nuestra agua se ha vuelto blanca o roja según el fermento añadido y el tiempo empleado. Y puede teñir el mercurio al blanco, al igual que lo ha hecho para el rojo.

Observemos además que la plata en hojas es más útil que en lingotes, pues se une más fácilmente al mercurio. Debe amalgamarse con mercurio frío, no caliente. En este punto muchos han errado al disolver su amalgama en agua fuerte para depurarla, mientras que si hubiesen examinado cuál es la composición del agua fuerte hubieran reconocido que no puede sino destruirla. Otros, queriendo trabajar con el oro o la plata según las reglas de este libro, yerran al decir que el sol no tiene humedad, y lo hacen disolverse en agua corrosiva y luego lo dejan digerir en un vaso de cristal bien cerrado durante algunos meses, pero es mejor extraer la quintaesencia por la virtud del fuego sutil, en un vaso de circulación llamado pelícano.

El sol mineral al igual que la luna están mezclados con tal cantidad de inmundicias que su purificación es necesaria y no es un trabajo de mujeres, ni un juego de niños, al contrario, la disolución, la calcinación y las otras operaciones necesarias para concluir la gran obra son un trabajo de hombres robustos.

VI

De la segunda y de la tercera operación

Una vez terminada esta primera parte, procedemos a efectuar la segunda.

Hay que añadir siete partes de mercurio al cuerpo obtenido en nuestra primera obra, llamado Cola de Dragón o Leche de la Virgen. Haz pasar todas a través del cuero y retén siete partes. Lava y mete el total en el vaso de hierro, después en el hornillo, tal como hiciste la primera vez y emplearás el mismo tiempo aproximadamente, hasta que se forme de nuevo polvo. Lo recogerás y lo encontrarás mucho más fino y más sutil que la primera vez pues está mucho más digerido. Una parte tiñe siete veces, siete en elixir. Procede entonces a la tercera operación, tal como hiciste con la primera y con la segunda, añade al polvo obtenido en la segunda operación siete partes de mercurio puro y métalas en el cuero de tal forma que quede una séptima parte, como anteriormente. Haz cocer todo de nuevo, redúcelo a polvo muy sutil, que proyectado sobre mercurio teñirá siete veces cuarenta y nueve partes. La razón de esto es que cuanto más digerida está nuestra medicina, más sutil se vuelve. Cuando más sutil es, más penetrante es. Y cuando más penetrante es, más materia transmuta. Para terminar, te señalo que si no se dispone de mercurio mineral, se puede indiferentemente trabajar con mercurio común, aunque este último no tenga el mismo valor, da no obstante un resultado bastante bueno.

De la manera de trabajar la materia o Mercurio

Pasemos ahora a la tintura del mercurio. Toma una copela de orfebre, unta un poco su interior con grasa y pon allí nuestra medicina según la proporción requerida. Coloca todo sobre fuego lento y cuando el mercurio comience a humear, proyecta la medicina envuelta en cera o en papel (*papirus*), toma un carbón grueso que habrás preparado a este fin y ponlo en el fondo del crisol, después da un fuego violento y cuando esté todo licuado viértelo dentro de un tubo untado de grasa y tendrás oro o plata muy finos, según el fermento que hayas añadido. Si quieres multiplicar la medicina, deberás operar con estiércol de caballo siguiendo el método que te he enseñado oralmente como tú sabes y que no puedo escribir ya que sería un pecado revelar este secreto a los hombres de este siglo que buscan la ciencia más por vanidad que con el bien como fin y por alabar a Dios, gloria y honor a Él por los siglos de los siglos. ¡Amén! Yo he visto llevar a cabo esta obra que he descrito con estilo vulgar al bienaventurado Alberto el Grande, usando Tierra Hispánica o Antimonio, pero te aconsejo que emprendas únicamente el magisterio pequeño, que te he descrito brevemente, en el que no hay ningún error y que puede llevarse a cabo con poco gasto, poco trabajo y en poco tiempo, así llegarás al fin deseado. Pero, mi querido hermano, no emprendas el Gran Magisterio, porque para tu salud y por el deber de la predicación de Cristo, debes más bien atender a las riquezas eternas antes que las terrenas y temporales.

Aquí termina el Tratado de Santo Tomás sobre la multiplicación alquímica, dedicado a su hermano y amigo el hermano Reinaldo por el *Thesaurus secretissimus.*

Índice